Capitaine VÉRAN

GUIDE MILITAIRE

L'USAGE DES

FRANÇAIS ÉTABLIS HORS DE FRANCE

Aux Jeunes Soldats à incorporer.

Aux Réservistes et Territoriaux.

ANNECY

IMPRIMERIE J. DÉPOLLIER ET CIE

1912

Capitaine VÉRAN

GUIDE MILITAIRE

À L'USAGE DES

FRANÇAIS ÉTABLIS HORS DE FRANCE

Aux Jeunes Soldats à incorporer.
Aux Réservistes et Territoriaux.

ANNECY
IMPRIMERIE J. DÉPOLLIER ET CIE

1912

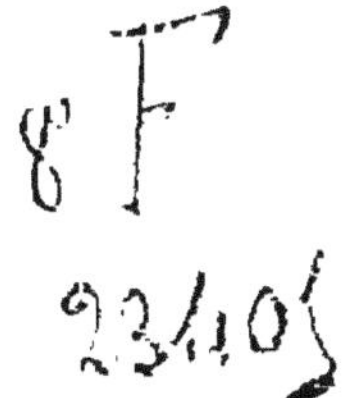

TABLE DES MATIÈRES

PRÉFACE

Une grande quantité de Français (Savoyards, Bas-Alpins, Pyrénéens Flamands, etc...) quittent leur pays, en raison des nécessités de la vie, et vont s'établir à l'étranger (Suisse, Belgique principalement).

Beaucoup d'entre eux ignorent les obligations auxquelles ils sont soumis en tant que jeunes soldats, réservistes ou territoriaux de l'armée française

D'autres connaissent leurs devoirs, mais ne les remplissent pas. Insouciance simple, car le Français est patriote.

C'est pour apprendre et faciliter aux uns leurs obligations, c'est pour rappeler aux autres que le devoir militaire doit, en toutes circonstances, être présent à leur mémoire, que les lignes suivantes ont été écrites.

Ce petit guide est simplement un extrait des dispositions contenues dans divers volumes du *Bulletin officiel* du Ministère de la Guerre.

C'est un conseiller.

Annecy, juin 1912.

PREMIÈRE PARTIE

JEUNES SOLDATS A INCORPORER

CHAPITRE PREMIER

Recensement annuel
Visite médicale

1. Recensement annuel.

Chaque année, pour la formation de la classe, les tableaux de recensement des jeunes gens ayant atteint l'âge de 20 ans révolus dans l'année précédente et domiciliés dans l'une des communes du canton sont dressés par les maires :

1° Sur la déclaration à laquelle sont tenus les jeunes gens, leurs parents ou leurs tuteurs ;

2° D'office, d'après les registres de l'état-civil et tous autres documents et renseignements.

Sont portés sur ces tableaux les jeunes gens qui sont Français en vertu du code civil et des lois sur la nationalité.

Les jeunes gens *établis avec leur famille à l'étranger* doivent être inscrits sur les tableaux de la classe à laquelle ils appartiennent par leur âge, au lieu de leur domicile légal en

France, ou, à défaut, dans la commune où ils sont nés, quelque éloignée que soit la date de de leur départ.

Les jeunes gens *dont la famille est domiciliée en France et qui se trouvent en pays étranger* doivent être portés sur le tableau de recensement de la commune où leur père, leur mère ou leur tuteur a son domicile.

Pour les jeunes gens *nés de parents français à l'étranger*, les consuls provoquent leur inscription au lieu du domicile de la famille en France.

2. Visite médicale.

A. Dispositions générales. -- Les jeunes gens qui désirent être visités *au lieu de leur résidence* doivent faire, à cet effet, une demande qui doit parvenir le 15 janvier au plus tard :

Soit directement *au Maire* du domicile de recrutement,

Soit par l'intermédiaire des agents diplomatiques ou consulaires de leur résidence, *au Préfet* du département dans lequel ils sont inscrits. Cette demande doit contenir une attestation des agents consulaires, constatant que les intéressés sont réellement fixés à l'étranger avant le 1er janvier de l'année où ils doivent comparaître devant le conseil de revision, soit comme appelés, soit comme ajournés.

Les autorisations ne sont accordées que si ces conditions sont strictement remplies.

Après autorisation, les agents consulaires font procéder en leur présence, par le médecin qu'ils ont désigné à cet effet, à la visite des jeunes gens qui leur ont été signalés. Ils transmettent le résultat de cette visite sans retard aux Préfets

D'après la loi, le conseil de revision du domicile a seul compétence pour statuer à l'égard des jeunes gens, et la visite médicale au lieu de la résidence ne peut, par conséquent, être considérée que comme un simple avis.

Les décisions prises par les conseils de revision sont portées sans retard à la connaissance des jeunes gens qui ont obtenu l'autorisation de se faire visiter à l'étranger au lieu de leur résidence.

Les frais de visite sont à la charge des intéressés. Ils peuvent être supportés par l'Etat si la santé des jeunes gens ne leur permet pas de se présenter au poste diplomatique ou consulaire, et s'ils sont en état d'indigence notoire.

B. Visite des jeunes gens à l'étranger hors d'Europe. — Les jeunes gens fixés régulièrement à l'étranger hors d'Europe sont toujours autorisés par les Préfets à subir la visite médicale au lieu de leur résidence à l'étranger, en présence de notre agent diplomatique ou consulaire.

C. Visite des jeunes gens à l'étranger en Europe. — Les jeunes gens qui sont fixés en

Suisse, en Belgique, en Espagne, en Italie et dans le Grand-duché de Luxembourg ne sont autorisés à se faire visiter au lieu de leur résidence que si le prix du voyage de la localité où ils habitent au chef-lieu de canton français le plus rapproché de la frontière dépasse dix francs (aller et retour) en dernière classe.

A cet effet, la demande d'autorisation de visite, adressée par ces jeunes gens au Préfet du département où ils sont inscrits, devra être accompagnée d'un certificat de notre représentant indiquant le prix du voyage (aller et retour) de la résidence de l'intéressé au chef-lieu de canton le plus rapproché de la frontière.

Les jeunes gens qui sont fixés dans les autres pays d'Europe sont autorisés à se faire visiter dans les conditions prévues au premier alinéa des dispositions générales ci-dessus énoncées.

D. Visite des jeunes gens en Suisse, en Belgique, en Espagne, en Italie et au Luxembourg. — Les jeunes gens fixés dans une localité de ces pays d'où le prix du voyage au chef-lieu de canton français le plus proche de la frontière ne dépasse pas dix francs (aller et retour), peuvent être visités au chef-lieu de canton français le plus rapproché de leur résidence par le conseil de revision, mais seulement :

1º S'ils sont réellement fixés dans ces pays avant le 1er janvier de l'année où ils doivent comparaître devant le conseil de revision soit comme appelés, soit comme ajournés ;

2° S'ils en font la demande *au Préfet* du département où ils sont inscrits, avant le 15 janvier de l'année de la formation de la classe, en indiquant la date à laquelle ils se sont établis dans les pays susvisés. ainsi que le département-frontière dans lequel ils désirent être visités et le cas d'exemption qu'ils se proposent de faire valoir.

Cette demande doit, *à peine de nullité,* contenir une attestation de nos agents constatant la date à laquelle les intéressés se sont fixés en Suisse, en Belgique, en Italie, en Espagne et au Luxembourg.

Les jeunes gens résidant dans n'importe quelle localité de Suisse, Belgique, Espagne, Italie et Luxembourg peuvent également être autorisés à se faire visiter dans le département frontière le plus rapproché de leur résidence dans les conditions ci-dessus.

CHAPITRE II

Affectation des jeunes gens
en résidence à l'étranger

3. Affectation.

Les jeunes gens qui sont signalés aux commandants de recrutement comme étant en résidence régulière à l'étranger sont affectés dès le 1er juin, à l'un des corps de troupe alimentés par la subdivision de leur domicile (service armé ou service auxiliaire).

Toutefois, en ce qui concerne spécialement les jeunes gens en résidence régulière en Angleterre, Belgique, Suisse ou Espagne, leur affectation est faite directement par des décisions ministérielles spéciales, savoir :

Ceux résidant en Angleterre, à des corps ou services des 1er, 2e, 3e et 10e corps occupant des garnisons voisines de la Manche ;

Ceux habitant la Belgique, la Suisse ou l'Espagne, à des corps ou services stationnés sur le territoire des corps d'armée voisins de leur résidence

CHAPITRE III

―――

Appel du Contingent

4. Ordre d'appel.

Un ordre d'appel est envoyé à tous les jeunes soldats du contingent pour les inviter à rejoindre leur corps d'affectation.

Les jeunes soldats signalés comme résidant à l'étranger reçoivent, en outre, par l'intermédiaire des agents diplomatiques ou consulaires de leur résidence, *et à titre purement officieux*, un duplicata de leur ordre d'appel.

Ce duplicata est adressé entre le 1er et le 5 juin et porte convocation pour le 10 octobre, sauf pour les bons absents et pour les jeunes gens affectés à la cavalerie qui sont appelés le 1er octobre.

Les jeunes gens résidant régulièrement en Angleterre, Belgique, Suisse, Espagne ne le reçoivent que lorsque les recrutements intéressés ont reçu notification des décisions ministérielles spéciales prononçant leur affectation. (Dans le mois d'août.)

Par suite du caractère officieux de cette communication, un jeune homme résidant à l'étranger ne peut exciper de ce qu'il n'a pas reçu copie de son ordre d'appel au lieu de sa résidence hors de France ; il est légalement déclaré insoumis s'il n'a pas rejoint après l'accomplissement des formalités légales et dans les délais légaux. (Voir ci-après : Chapitre IV. Insoumission (page 21).

5. Frais de déplacement.

Les jeunes gens doivent rejoindre leur corps d'affectation en faisant l'avance des frais de déplacement qui leur sont remboursés à l'arrivée au corps. Ils n'ont droit qu'aux indemnités qui leur auraient été dues pour se rendre de la commune de leur domicile en France au lieu de destination.

6. Hommes sans ressources.

Dans le cas où un jeune soldat ne posséderait pas les ressources suffisantes pour se rendre en France, il devrait s'adresser à l'agent diplomatique ou consulaire le plus rapproché de sa résidence, lequel lui procurerait les moyens de transport et de subsistance nécessaires pour son voyage jusqu'à la frontière ou jusqu'au port de débarquement. Les frais de déplacement pour le trajet à

rcourir en France lui seraient payés soit à la
us-intendance la plus rapprochée du point où
a franchi la frontière ou à celle du port de dé-
rquement, soit à son arrivée au corps.

CHAPITRE IV

—

Insoumission

7. Temps de paix.

Si, dans les délais fixés par *l'ordre d'appel*, le jeune soldat n'a pas rejoint sa destination, il lui est notifié un *ordre de route* dans les dix jours qui suivent la date d'incorporation du contingent, et pour la date du 3 novembre.

La notification de l'ordre de route est faite *au domicile en France* et, en cas d'absence, *au maire* de la commune dans laquelle l'appelé a été porté sur les listes de recensement.

Tout jeune soldat appelé, à qui un ordre de route a été régulièrement notifié et qui, hors le cas de force majeure, n'est pas arrivé à destination au jour fixé par cet ordre est, après un *délai de trente jours* en temps de paix, considéré comme *insoumis* et puni des peines portées à l'article 230 du Code de justice militaire (emprisonnement de 1 mois à 1 an).

Le délai d'insoumission est porté, en temps de paix, à :

Deux mois pour les hommes affectés à des corps de l'intérieur ou d'Algérie et qui résident hors de France en Europe,

Six mois pour les hommes résidant dans tout autre pays.

Dans aucun cas, le temps pendant lequel les hommes visés ci-dessus n'auront pas été présents sous les drapeaux ne comptera dans les années de service exigées.

8. Temps de guerre ou de mobilisation.

En temps de guerre, les hommes résidant à l'étranger reçoivent, *à titre officieux*, un *duplicata de l'ordre de route* établi à leur nom.

Les délais de grâce pour rejoindre sont réduits de moitié et fixés par conséquent à :

Un mois pour les hommes qui résident hors de France en Europe,

Trois mois pour les hommes résidant dans tout autre pays.

La peine encourue par les insoumis en temps de guerre est de deux ans à cinq ans de prison. Les noms des insoumis sont affichés pendant toute la durée des opérations dans toutes les communes du canton de leur domicile. A l'expiration de leur peine, ils sont incorporés dans une section spéciale.

CHAPITRE V

— —

Réforme

**9. Jeunes soldats susceptibles d'être réfor-
més avant la mise de route.**

Les jeunes gens résidant à l'étranger qui se
croient susceptibles d'être réformés doivent en
faire la déclaration à l'agent consulaire dès la
réception de leur ordre d'appel sous les drapeaux.
Cet agent transmet sans retard les demandes au
commandant du bureau de recrutement en les
appuyant d'un certificat délivré par un médecin.

Le commandant de recrutement convoque les
intéressés devant la commission spéciale de réforme. L'ordre de convocation indique que le
titulaire a droit au voyage à prix réduit en chemin de fer pour les parcours en France

Les mêmes jeunes gens peuvent être autorisés
à passer la visite médicale au poste diplomatique
ou consulaire. Le résultat de cette visite est constaté dans un certificat établi par le médecin du

poste et contresigné par l'agent consulaire ou diplomatique. Ce certificat est ensuite soumis à la décision de la commission de réforme qui statue.

10. Réformés temporaires.

Les réformés temporaires en résidence régulière à l'étranger à l'époque de l'expiration de leur congé peuvent être autorisés à subir la visite médicale au consulat de leur résidence.

Ils doivent en faire la demande au commandant de recrutement dont ils relèvent, assez tôt pour que le procès-verbal de visite parvienne à la commission spéciale avant l'expiration du congé de réforme temporaire.

CHAPITRE VI

Soutiens indispensables de famille

11. Allocation journalière.

Les familles des jeunes gens qui remplissent effectivement avant leur départ pour le service les devoirs de soutiens indispensables de famille peuvent recevoir, sur leur demande, une allocation journalière de 0 fr. 75 majorée de 0 fr. 25 pour chaque enfant légitime ou reconnu à la charge de l'appelé.

12. Demandes d'allocation.

Les demandes sont faites aux agents diplomatiques ou consulaires du lieu de la résidence de la famille dès la publication des tableaux de recensement. Elles sont accompagnées :

1° D'un relevé des contributions payées par la famille et certifié par le percepteur ;

2° D'un état certifié par l'agent consulaire et indiquant le nombre et la position des membres de la famille vivant sous le même toit ou séparément, les revenus et ressources de chacun d'eux.

13. Suite donnée aux demandes.

Les agents consulaires adressent aux Préfets des départements où les jeunes gens ont été recensés les demandes accompagnées de l'état visé ci-dessus, établi par les dits agents qui y ont consigné au préalable tous les renseignements susceptibles de mettre le conseil départemental à même de statuer en toute connaissance de cause.

Le conseil départemental désigne les bénéficiaires de l'allocation. Ceux-ci reçoivent ensuite du Préfet, par l'intermédiaire des agents consulaires, un *livret de payement* comportant 24 quittances qui constituent des titres de payement correspondant à chacune des échéances mensuelles comprises dans le temps passé sous les drapeaux par les soutiens de famille.

14. Payement des allocations.

Le payement de l'allocation journalière est effectué sur la présentation des livrets de payement par les soins des agents diplomatiques. Il ne peut être fait qu'au réprésentant légal de la famille ou à la personne désignée par le conseil départemental. Chaque mensualité doit être perçue dès les premiers jours du mois suivant. Un retard de plus de trois mois exposerait le bénéficiaire au retrait de l'allocation.

15. Cessation des allocations.

En cas de décès, réforme temporaire pour maladie ou infirmité non imputable au service militaire, réforme définitive, désertion, insoumission ou condamnation à une peine d'emprisonnement en vertu d'un jugement, du soutien de famille, l'allocation cesse de plein droit et le livret doit être remis par le titulaire aux agents consulaires.

DEUXIÈME PARTIE

RÉSERVISTES ET TERRITORIAUX

CHAPITRE PREMIER

———

Classement des pays étrangers

1. Trois catégories.

L'instruction du 20 juin 1910, relative aux hommes de troupe de la disponibilité et des réserves a classé les pays étrangers en trois catégories, principalement au point de vue de l'accomplissement des périodes d'exercices par les hommes qui résident dans chacune d'elles :

A. — Étranger *dans les pays limitrophes* ci-après :

Belgique ;
Grand Duché de Luxembourg ;
Suisse ;
Italie (Provinces de Turin, Coni, Porto-Maurizio) ;
Espagne (Provinces de Barcelone, Gerone, Lerida, Tarragone, Saragosse, Navarre, Alava, Guipuzcoa, Biscaye, Santander).

B. — Etranger *en Europe, en dehors des pays limitrophes* ci-dessus.

C. — Etranger *hors d'Europe.*

CHAPITRE II

éclaration de résidence à l'étranger

(Dispositions communes aux trois catégories)

2. Situation des hommes en résidence à l'étranger.

Qu'ils résident *dans les pays limitrophes, en urope en dehors des pays limitrophes, hors Europe*, les hommes de la disponibilité ou des serves (réservistes ou territoriaux) qui se ouvent à l'étranger ne cessent pas d'être *domiliés en France*. Lors même qu'ils sont fixés à tranger, ils sont considérés comme *ayant mplement changé de résidence*.

3 Formalités imposées par la résidence à l'étranger.

A) *L'homme se rend à l'étranger.* — L'homme ui va résider à l'étranger se présente, muni de u livret individuel :

Avant son départ, à la gendarmerie du lieu de résidence et fait viser son livret ;

A son arrivée à l'étranger, devant l'agent diplomatique ou consulaire le plus voisin du lieu où il a fixé sa résidence.

Si l'éloignement du poste diplomatique ou consulaire rend le déplacement trop long ou trop dispendieux, l'intéressé fait connaître *par écrit*, à cet agent, son arrivée et joint son livret individuel à sa lettre.

L'agent consulaire vise le livret individuel à la place réservée à la constatation des déplacements successifs et le rend ou le renvoie au déclarant en y joignant un *récépissé* de sa déclaration.

Dans le cas où l'homme n'a entre les mains ni livret ni fascicule, il fournit de vive voix ou par écrit les renseignements nécessaires pour l'établissement de la déclaration de résidence à l'étranger, c'est-à-dire :

Nom et prénoms ;

Classe de recrutement et numéro matricule ;

Corps d'affectation ;

Bureau de recrutement qui a établi le fascicule de mobilisation ;

Adresse exacte à l'étranger.

Plus tard, lorsqu'il sera en possession de son livret, il le présentera ou l'enverra au visa de l'agent consulaire.

B) *L'homme change de résidence à l'étranger.*

— A l'étranger, l'homme qui se déplace pour

anger de résidence présente son livret au visa
l'agent consulaire du lieu de départ et du lieu
la nouvelle résidence. Il les prévient par écrit
l'éloignement du poste diplomatique ou consu-
ire rend le déplacement trop long ou trop
ûteux. Dans ce cas, il donne à l'agent consu-
ire de la nouvelle résidence les renseignements
cessaires pour l'établissement de la déclara-
on de changement de résidence.

c) *L'homme qui résidait à l'étranger rentre en
rance.* — Lorsqu'il rentre en France, l'homme
it viser, dans le *délai d'un mois*, son livret indi-
duel par la gendarmerie dont relève la localité
i il transporte son domicile ou sa résidence.

4. Pénalités.

Sont passibles de peines disciplinaires, les
ommes des différentes catégories de réserve qui
e se conforment pas aux obligations relatives
ux déclarations de changement de résidence.

5. Demandes de renseignements. Réclamations.

Toute réclamation ou demande de renseigne-
ents doit être adressée à l'agent diplomatique
u consulaire à qui ressort la circonscription
onsulaire dans laquelle réside le réclamant.

CHAPITRE III

Appels du temps de paix

A. — Rappel des obligations militaires communes à tous les réservistes et territoriaux.

6. Périodes d'exercices.

Les hommes de la *réserve de l'armée active* sont assujettis, pendant leur temps de service dans la dite réserve, à prendre part à deux périodes d'exercices :

La première, d'une durée de 23 jours (*1ᵉʳ appel*) ;

La deuxième, d'une durée de 17 jours (*2ᵉ appel*).

Les hommes de l'*armée territoriale* sont assujettis à une période d'une durée de neuf jours (*3ᵉ appel*)

Les hommes de la *réserve de l'armée territoriale* sont soumis à une revue d'appel.

B. — Appels des hommes en résidence à l'étranger dans les pays limitrophes.

7. Avis précédant l'accomplissement des périodes.

Ainsi que les hommes résidant en France, les réservistes et les territoriaux fixés régulièrement à l'étranger dans les pays limitrophes reçoivent, dans le courant du mois de novembre précédant l'année de leur convocation, une *carte postale avis*, les prévenant qu'ils auront à accomplir une période d'instruction l'année suivante et les invitant à remettre les demandes d'allocations pour soutiens de famille (voir Chap. IV, p. 49) s'ils ont l'intention de solliciter ces allocations.

En outre, au début de l'année de la convocation, ces hommes reçoivent un *avis de convocation* les informant que leur classe est normalement convoquée dans l'année et qu'ils peuvent, s'ils en manifestent le désir, accomplir leur période à partir de la date ou de l'une des dates qui leur sont indiquées sur le dit avis comme étant celles arrêtées dans leur corps d'affectation pour l'appel normal auquel ils sont astreints (1er, 2e ou 3e appels).

8. Demandes pour l'accomplissement des périodes.

Les hommes qui désirent être convoqués devront, dès la réception de l'avis de convocation, détacher le *récépissé* attenant au dit avis, le compléter par l'indication de la date choisie-qui est obligatoirement l'une de celles indiquées sur l'avis de convocation et le renvoyer au bureau de recrutement qui l'a adressé, après l'avoir affranchi à 25 centimes.

9. Convocation des hommes.

Sont seuls convoqués, à la date qui leur a été indiquée ou qu'ils ont choisie dans les limites fixées ci-dessus, ceux de ces hommes *qui l'ont demandé*.

Un *ordre d'appel* leur est envoyé en temps opportun par l'intermédiaire des agents diplomatiques ou consulaires. Cet ordre d'appel ne contient pas la partie rose qui ne doit pas être utilisée.

10. Frais de déplacement.

Les hommes convoqués ont droit, s'ils se rendent en France pour accomplir leur période, au transport à prix réduit sur les voies ferrées à partir de la station la plus voisine du point où ils franchiront la frontière, à l'aller et au retour. Ce droit peut être exercé huit jours avant la date fixée pour le commencement de la période et huit jours après celle de la fin de la période.

Les hommes font l'avance de leurs frais de déplacement et reçoivent ensuite, à leur arrivée au corps, le remboursement des sommes qui leur sont dues pour les parcours en France. Pour le retour, les frais de déplacement leur sont payés au départ du corps.

11. Hommes sans ressources.

Les hommes qni n'ont pas de ressources suffisantes pour supporter les frais de voyage peuvent être rapatriés aux frais du budget de la guerre par les soins des agents diplomatiques ou consulaires.

12. Hommes qui n'accomplissent pas leur période.

Les hommes qui, après avoir reçu un avis de convocation, ne manifestent pas le désir d'accomplir leur période, de même que les hommes convoqués sur leur demande et qui ne peuvent répondre à la convocation *n'ont aucune démarche à faire.* Ils bénéficient *de plein droit* d'un *ajournement* jusqu'à leur rentrée en France ; mais ils devront accomplir, à ce moment (sauf dans le cas prévu au n° 14 ci-après) la *dernière des périodes* pour lesquelles ils auront bénéficié d'un ajournement en raison de leur séjour à l'étranger, à l'exception toutefois des hommes appartenant à la réserve de l'armée territoriale qui, à partir de leur retour, ne sont soumis qu'aux obligations de leur classe de mobilisation.

La revue d'appel n'est pas rappelée et les hommes dont la classe de mobilisation a été convoquée pour la dite revue pendant leur séjour à l'étranger en sont dispensés.

13. Avis de l'ajournement.

Le commandant de recrutement donne aux hommes ajournés, lors de l'appel normal de leur classe de mobilisation, avis de l'ajournement qui leur a été conféré.

14. Appel pour plusieurs périodes dans la même année.

Dans le cas où les hommes qui ont à effectuer une période par voie de rappel doivent, dans la même année, être convoqués à la fois pour cette période et pour une période normale, ils accomplissent seulement la période normale et ne sont plus astreints à l'autre.

15. Dispensés (art. 23 de la loi du 15 juillet 1889).

Les dispensés en vertu de l'article 23 de la loi du 15 juillet 1889 qui ont bénéficié de l'ajournement de la *période de disponibilité* sont tenus, *jusqu'à leur libération définitive*, d'accomplir cette période par voie de rappel.

Ceux qui ont à effectuer la période de disponibilité et doivent, la même année, être convoqués à la fois pour cette période et une période normale sont d'abord appelés pour la première et n'accomplissent la période normale que l'année suivante, à moins qu'ils ne consentent ou ne demandent à effectuer les deux périodes dans la même année.

16. Engagés spéciaux de devancement d'appel.

Les engagés spéciaux de devancement d'appel sont tenus, *jusqu'à leur libération définitive*, d'accomplir par voie de rappel *toutes les périodes* d'exercices pour lesquelles l'ajournement leur a été conféré. Mais ils ne peuvent être astreints, à moins qu'ils n'y consentent ou ne le demandent, à effectuer plus d'une période d'exercices au cours de la même année.

17. Dispositions diverses.

Les hommes qui, tout en ayant fait une déclaration de résidence à l'étranger, se rendent *journellement* ou *presque journellement* en France ne sont pas considérés comme résidant effectivement à l'étranger.

C. — Hommes en résidence à l'étranger en Europe, en dehors des pays limitrophes

18. Ajournement des périodes.

Les hommes en résidence régulière à l'étranger en Europe, en dehors des pays limitrophes ne reçoivent :

Ni *la carte postale avis* } dout il est question
Ni *l'avis de convocation* }   au n° 7, page 38 ;
Ni *l'ordre d'appel* visé au n° 9, page 39.

Ils bénéficient *d office* d'un *ajournement* jusqu'à leur rentrée en France. Mais ils devront à ce moment (sauf dans le cas prévu au n° 14, page 41) accomplir la *dernière des périodes* pour les-quelles ils auront bénéficié d'un ajournement en raison de leur séjour à l'étranger, à l'exception des hommes appartenant à la réserve de l'armée territoriale qui, à partir de leur retour, ne sont soumis qu'aux obligations de leur classe de mo-bilisation.

La revue d'appel n'est pas rappelée, et les hommes dont la classe de mobilisation a été con-voquée pour ladite revue pendant leur séjour à l'étranger en sont dispensés.

19. Avis de l'ajournement.

(Se reporter au n° 13, 2e partie, page 41)

20. Appel pour plusieurs périodes dans la même année.

(Se reporter au n° 14, 2e partie, page 41.)

21. Dispensés (art. 23 de la loi du 15 juillet 1889).

(Se reporter au n° 15, 2e partie, page 41.)

22. Engagés spéciaux de devancement d'appel.

(Se reporter au n° 16, 2e partie, page 42.)

23. Principauté de Monaco.

Les dispositions ci-dessus (n°s 15. 16, 17) sont applicables aux hommes en résidence dans la principauté de Monaco, *mais à ceux seulement qui sont au service du Prince de Monaco :*

       Carabiniers,
       Personnel de la police,
       Sapeurs-pompiers.

Les autres Français qui résident dans ce pays ne sont pas considérés, au point de vue de l'accomplissement des périodes d'exercices, comme se trouvant à l'étranger ; ils sont donc soumis, à cet égard, aux règles générales imposées aux hommes des réserves comme s'ils résidaient en France et astreints, par suite, à toutes les obligations militaires des hommes de leur classe.

D. — Hommes en résidence à l'étranger hors d'Europe

24. Constatation de la situation.

La position des hommes résidant à l'étranger hors d'Europe. au point de vue de leur *établissement à l'étranger hors d'Europe* et de la *régularité de leur situation,* est certifiée par une mention que l'agent diplomatique ou consulaire ajoute à leur déclaration de résidence, après

s'être assuré par une enquête qu'ils sont *réellement établis* dans le pays d'une façon *régulière*.

a) HOMMES RÉGULIÈREMENT ÉTABLIS

**25. Hommes régulièrement établis. Dis-
pense.**

Ces hommes ne reçoivent :
  Ni *carte postale avis*,
  Ni *avis de convocation,*
  Ni *ordre d'appel*.

Ils sont *dispensés d'office* des périodes accom-
plies pendant leur séjour à l'étranger par les
hommes de la classe de mobilisation à laquelle
ils appartiennent.

26. Avis de la dispense.

Le commandant de recrutement donne avis,
aux hommes dispensés, lors de l'appel normal de
leur classe de mobilisation, de la dispense qui
leur est conférée. Ces hommes suivent le sort de
leur classe de mobilisation.

27. Dispensés (art. 23 de la loi du 15 juillet 1889)

Les anciens dispensés de la loi du 15 juillet
1889 *ne sont pas exemptés* de leur *période de
disponibilité* qui constitue un rappel dont ils ne
doivent être dispensés *sous aucun prétexte* et
pour lequel ils ne peuvent bénéficier que d'un
ajournement jusqu'à leur rentrée en France.
Seule leur *libération définitive* les dégage de
l'obligation d'accomplir cette période.

28. Engagements spéciaux de devancement d'appel.

Les hommes de cette catégorie *ne sont pas dispensés* de leurs périodes d'exercices dont l'accomplissement est seulement *ajourné d office* jusqu'à leur retour en France.

A ce moment, ils sont tenus, *jusqu'à leur libération définitive*, d'accomplir *toutes les périodes* d'exercices pour lesquelles l'ajournement leur a été conféré. Mais ils ne peuvent être astreints, à moins qu'ils n'y consentent ou ne le demandent, à effectuer plus d'une période au cours de la même année.

b) HOMMES NON ÉTABLIS

29. Ajournement et non dispense.

Les hommes qui résident à l'étranger, *hors d'Europe,* sans *s'être établis* dans ce pays ne reçoivent également :

      Ni *carte postale avis,*
      Ni *avis de convocation,*
      Ni *ordre d'appel.*

Ils ne sont *pas dispensés* de leurs périodes d'exercices, mais bénéficient seulement d'un *ajournement* jusqu'à leur rentrée en France.

Ils accomplissent, à ce moment (sauf dans le cas prévu au n° 14, p. 41), par voie de rappel, *la dernière des périodes* pour lesquelles l'ajournement leur a été conféré à l'exception, toutefois, des hommes appartenant à la réserve de l'armée territoriale qui, à partir de leur retour, ne sont soumis qu'aux obligations de leur classe de mobilisation.

La revue d'appel n'est pas rappelée et les hommes dont la classe de mobilisation a été convoquée pour ladite revue pendant leur séjour à l'étranger en sont dispensés.

30. **Avis de l'ajournement.**

(Se reporter au n° 13, 2ª partie, page 41.)

31. **Appel pour plusieurs périodes dans la même année.**

(Se reporter au n° 14, 2e partie, page 41.)

32. Dispensés (art. 23 de la loi du 15 juillet 1889).

(Se reporter au n° 15, 2ª partie, page 41.)

33. Engagés spéciaux de devancement d'appel.

(Se reporter au n° 16, 2e partie, page 42.)

———

E. — Dispositions communes aux trois catégories

34. Rentrée momentanée en France.

Les hommes qui rentrent dans la métropole, en Algérie ou en Tunisie *avec l'intention de retourner à l'étranger*, en font, dès leur arrivée, la déclaration à la gendarmerie de leur résidence qui en avise le recrutement.

S'ils doivent accomplir une période d'exercices, l'ordre d'appel qui les concerne doit être établi de telle façon qu'ils ne puissent être astreints à répondre à la convocation avant un délai de six mois à compter de la date de leur arrivée.

Ceux d'entre eux qui repartent pour l'étranger avant l'expiration de ce délai tombent, de nouveau, sous l'application des dispositions qui régissent les hommes en résidence à l'étranger.

35. Demandes relatives aux périodes d'exercices.

Les hommes des réserves en résidence à l'étranger peuvent, comme ceux de la métropole, solliciter :

    Un *ajournement*,
    Un *devancement d appel*,
    Un *changement de série*,
    Le *report de leur période d'exercices* à l'appel supplémentaire de fin d'année.

Leurs demandes sont remises par eux aux agents consulaires et transmises directement par ces agents, avec leur avis, aux commandants des bureaux de recrutement intéressés qui donnent à ces demandes la destination qu'elles comportent.

CHAPITRE IV

Allocations pour soutiens indispensables de famille

36. Allocations journalières.

Les familles des hommes de la réserve et de l'armée territoriale qui, au moment de leur convocation, remplissent effectivement les devoirs de soutien de famille peuvent recevoir, pendant toute la durée de leur période, une allocation journalière de 0 fr. 75, qui est majorée de 0 fr. 25 pour chaque enfant de moins de 16 ans à la charge de l'homme convoqué, même si ce dernier n'est pas le père de l'enfant dont il s'agit.

37. Avis précédant l'accomplissement des périodes.

Dans le courant de novembre de chaque année, les commandants de recrutement adressent à tous les réservistes et territoriaux à convoquer l'année suivante une *carte postale avis* pour les prévenir qu'ils seront susceptibles d'accomplir une période d'instruction la dite année suivante et inviter ceux qui ont l'intention de solliciter pour leur famille les allocations pour soutiens de famille de remettre leur demande.

38. Demande d'allocation journalière.

Les demandes faites par les familles domiciliées à l'étranger, pour faire désigner comme soutien indispensable un de leurs membres résidant à l'étranger et appelé à accomplir une période d'exercices, sont remises aux agents diplomatiques ou consulaires du lieu de la résidence de la famille, dès la réception de la *carte postale avis* et *avant le 15 décembre*. Ces demandes doivent être accompagnées d'un *relevé des contributions* payées par la famille, certifié par le percepteur et de la *carte postale avis* reçue par l'intéressé. Elles doivent indiquer le nom de la personne désignée pour percevoir le montant de l'allocation.

39. Suite donnée aux demandes.

Les agents diplomatiques ou consulaires transmettent les demandes qu'ils ont instruites au Préfet du département de la dernière résidence en France et c'est le Conseil départemental de ce département qui statue.

40. **Certificat de soutien indispensable de famille.**

Les hommes qui sont désignés pour bénéficier de l'allocation journalière reçoivent, par l'intermédiaire des agents diplomatiques ou consulaires, un *certificat de soutien indispensable de famille*, portant décompte de l'allocation et quitance du bénéficiaire.

Le préfet notifie les désignations au recrutement intéressé qui, lui-même, avise le corps d'affectation dans lequel les hommes sont convoqués.

41. **Hommes qui ont rejoint.**

Les hommes qui ont rejoint reçoivent du chef de corps, le jour même de leur arrivée, un *bulletin d'arrivée*.

Le payement de l'allocation journalière est fait par les soins de l'agent diplomatique ou consulaire sur la présentation du *certificat* de soutien indispensable de famille accompagné du *bulletin d'arrivée*

Si la période commencée vient à être interrompue pour quelque cause que ce soit, l'allocation accordée reste acquise.

Il n'est dû aucune allocation pour le temps passé par le soutien de famille à l'hôpital *après l'expiration de la période* qu'il avait à accomplir.

42. Hommes qui n'ont pas rejoint.

En ce qui concerne les hommes qui n'accomplissent pas leur période d'instruction dans le courant de l'année, leur *certificat* est renvoyé au Préfet par l'intermédiaire de l'agent consulaire qui fait connaître les motifs pour lesquels le certificat n'a pas été utilisé.

CHAPITRE V

Réforme ou classement
dans le service auxiliaire

43. Réforme ou classement dans le service auxiliaire.

Les hommes appartenant à un titre quelconque à la disponibilité, à la réserve de l'armée active, à l'armée territoriale ou à la réserve de l'armée territoriale qui, avant l'époque de leur libération définitive, sont jugés hors d'état de faire un service actif, sont réformés ou versés dans le service auxiliaire.

44. Formalités à remplir.

Les hommes qui se croient susceptibles d'être réformés ou versés dans le service auxiliaire doivent en faire la déclaration à l'agent diplomatique ou consulaire sans attendre l'époque des appels ou la mobilisation. Ils ne sont pas tenus de faire connaître au préalable la nature de l'affection dont ils sont atteints.

Ceux qui ne feraient pas leur demande en temps utile se mettent dans le cas de la voir rejetée et d'être mobilisés malgré leurs maladies ou leurs infirmités.

Les agents diplomatiques ou consulaires transmettent les déclarations ou demandes au bureau de recrutement en y joignant si possible un certificat d'un médecin.

45. Convocation devant la Commission de réforme.

Le commandant de recrutement convoque les intéressés devant la Commission spéciale de réforme.

L'ordre de convocation donne droit au voyage à prix réduit en chemin de fer, pour les parcours en France et peut tenir lieu de feuille de route pour le retour.

46. Visite à l'étranger.

Les hommes en résidence régulière à l'étranger peuvent être autorisés à passer la visite médicale au poste diplomatique ou consulaire le plus voisin de leur résidence.

Les intéressés adressent, à cet effet, au Ministre, une demande dans laquelle ils doivent indiquer le bureau de recrutement dont ils dépendent, et remettent cette demande au chef du dit poste diplomatique ou consulaire. Ce dernier la transmet, avec son avis, au Ministre des Affaires étrangères qui la fait parvenir au Ministre de la Guerre.

Si le Ministre accorde l'autorisation demandée, la visite médicale a lieu en présence du chef de poste ou de son délégué et le résultat en est constaté, d'une manière précise et détaillée, dans un certificat établi par le médecin du poste et contresigné par le chef de poste.

Ce certificat est envoyé, par l'intermédiaire du Ministre des Affaires étrangères, au Ministre de la Guerre qui le soumet à la décision de la Commission spéciale de réforme.

CHAPITRE VI

Temps de mobilisation

47. — Obligations.

Les hommes des réserves habitant l'étranger
sont tenus, comme ceux de la métropole, de
rejoindre leur corps en cas de *mobilisation* ou
de *rappel* de leur classe ordonné par décret.

48. Envoi des ordres de mobilisation ou de rappel.

Les ordres de mobilisation sont transmis par
les soins des agents consulaires de France.

49. Délais supplémentaires

Les hommes qui se sont conformés aux pres-
criptions de la loi relatives aux *déclarations de
résidence à l'étranger* ou de *changement de
résidence* ont droit, en cas de mobilisation ou de
rappel de leur classe, à des délais supplémen-
taires, et ne sont déclarés *insoumis* que s'ils ont
dépassé de deux jours les délais strictement

nécessaires pour se rendre, par les voies les plus rapides, directement de leur résidence au corps auquel ils sont affectés.

Ceux qui n'ont pas fait leurs déclarations à l'agent consulaire sont considérés comme n'ayant pas changé de résidence.

50. Dispositions pénales.

En cas de mobilisation, les insoumis sont passibles d'un emprisonnement de deux à cinq ans.

Les noms des insoumis sont affichés dans toutes les communes du canton de leur domicile pendant toute la durée de la guerre.

1892-12. — ANNECY, IMP. DÉPOLLIER ET CIE